AF343773

CATALOGUE
DE BONNES ESTAMPES

ANCIENNES ET MODERNES;

CHOIX DE FIGURES ET DE VIGNETTES,

LA PLUPART ÉPREUVES AVANT LA LETTRE;

RECUEILS, LIVRES A FIGURES,

ET PLANCHE GRAVÉE,

Provenant de M.ʳ R......... père,

ANCIEN MARCHAND D'ESTAMPES.

Par F.-L. REGNAULT-DELALANDE.

Cette Vente se fera le Lundi 16 Décembre et les trois jours suivans, six heures de relevée,

HOTEL DE BULLION (Salle N.º 3),

Rue J.-J. Rousseau, N.º 3.

On verra les trois premiers jours de la Vente, de midi à trois heures, les principaux Articles des Vacations.

Le présent Catalogue se distribue à PARIS,

Chez MM. {
FÉLIX, Commissaire-Priseur, rue du Faubourg-Poissonnière, n.º 18;
REGNAULT-DELALANDE, Peintre et Graveur, cul-de-sac des Feuillantines-St.-Jacques, n.º 12.

DE L'IMPRIMERIE DE LEBLANC.
1822.

AVERTISSEMENT.

Aucune espèce de réclamation ne sera admise après l'adjudication des Articles qui composent cette Vente.

ABRÉVIATIONS.

D'apr.	D'après.	1.re	Première.
Epr.	Epreuve.	l.	Largeur.
Est.	Estampe.	Mor.	Morceau.
Exempl.	Exemplaire.	P.	Pièce.
Fig.	Figure.	Pap.	Papier.
H.	Hauteur.	Pl.	Planche.

Voir, pour l'Ordre des Vacations, à la page 35 du présent Catalogue.

CATALOGUE.

ESTAMPES.

1 **BALECHOU.** (*J.-Jos.*) Le Calme, la Tempête, les Baigneuses : r. en l., d'apr. J. Vernet, anc. Epr., les deux premières avant les tailles sur les déd. et avant l'adresse de Buldet.

2 **BERVIC.** (*Ch.-Clém.*) Saint Jean au désert, d'apr. Raphaël : r. en h., Epr. avant toutes lettres.

3 **CLAUDE LE LORRAIN.** (*d'apr.*) Arc de Constantin, par *Fittler*; Danse de Bergers, par *Lowry*; Arrivée d'Enée en Italie, par *Mason*; Mercure et Battus, par *Peak* : r. en l. 4 Est.

4 **DALEN** *jeune.* (*Corn. Van.*) La Vierge présentant le sein à l'Enfant-Jésus, d'apr. Flinck; Sylvius; 1669. 2 r. en h.

5 **DREVET** *père.* (*P.*) La Présentation au temple, d'apr. L. de Boullongne : r. en l.; anc. et belle Epr.

6 Louis-le-Grand représenté debout, revêtu du manteau et des autres marques de la dignité royale, d'apr. H. Rigaud : r. en h., l'une des plus considérables qu'ait exécutées Drevet, anc. et toute première Epr. avec la boucle supprimée depuis à la perruque du Prince, boucle qui alors touche à l'extrémité du sourcil de l'œil gauche, avant l'augmentation faite au mollet de la jambe droite pour rendre cette jambe moins *grêle*; avant les contre-tailles au bas de la première des deux colonnes, à la droite du Roi, et

Suite des Morceaux de DREVET père.

avant d'autres travaux fais pour donner plus d'har-
monie à la Pl.

> Nota. A cette Epr., les deux parties montantes de la bor-
> dure, dont le sujet est entouré, ont été rapportées.

7 La même Estampe, première Epr. avant les contre-
tailles au bas d'une des colonnes.

8 DREVET fils. (*P.-Imb.*) Adrienne Lecouvreur,
d'apr. Ch. Coypel : r. en n., première Epr. avec le
mot *Model* pour *Modele.*

9 EDELINCK.(*Ger.*) La Magdeleine, d'apr. Ch. Le
Brun : r. en n., anc. Epr. avant l'adresse.

10 FICQUET. (*Eti.*) Descartes, d'apr. Hals; 3 Epr.
avant la lettre et avec des diff.; une est retouchée à
la mine de plomb.

11 Fénélon, d'apr. Vivien; Epr. avant la lettre.

12 La Fontaine, d'apr. Rigaud; 3 Epr. de la Pl. pour
les fables, 1 est avant la lettre, 1 de la Pl. non-terminée, et 1 avec la lettre. 2 lots.

13 La Mothe-le-Vayer, d'apr. Nanteuil; 3 Epr.; 2 avant
la lettre et avec des differ., et 1 de la Pl. non-terminée.

14 Molière, d'apr. Coypel; 2 Epr. avant la lettre. 2 lots.

15 Montagne, d'apr. Dumoustier; 2 Epr., 1 est avant la
lettre, et 1 de la Pl. non-terminée.

16 Regnard, d'apr. Rigaud; 3 Epr. 1 est avant la lettre;
et 2 de la Pl. non-terminée.

17 J.-B Rousseau : d'apr. Aved.; Epr. avant toutes
lettres.

18 J.-Jac. Rousseau, d'apr. de La Tour; 2 Epr., 1 avant
la lettre, 1 de la Pl. non-terminée.

Suite des Morceaux d'Est. FICQUET.

19 Bossuet, Boileau, d'apr. Rigaud, Pl. qui n'ont point été terminées ; Portrait qu'on dit être celui de Stéele, l'un des auteurs du Spectateur, et Saugrain. 4 Est.

20 Cicéron, d'apr. Rubens ; Louis XV, r. in-18 ; et Vadé, d'apr. Richard. 3 Est.

21 Crayer, Rombouts, Rubens, Vander-Meulen, Van Dyck et Wildens ; 6 r. pour la Vie des Peintres, par Descamps.

22 Virgile, Arioste, Descartes, Fénélon, La Fontaine, J.-B. Rousseau, Eisen, Madame de Maintenon, etc. 14 Est. 5 lots.

23 LIGNON. (*M.*) Le Portrait de Bernardin-de-Saint-Pierre, d'apr. M. Girodet, r. in-8.° 1818 ; Epr. avant la lettre, pap. de soie.

24 MASSARD. (*M. J.-B.-L.*) *Cinque Santi*, d'apr. Raphaël : r. en n., 2 Epr. avant la lettre. 2 Lots.

25 MASSARD. (*M. Urb.*) Atala, d'après M. Girodet-Trioson ; r. en l. ; Epr. avant la lettre, les noms d'auteurs tracés à la pointe.

26 MASSON. (*Ant.*) Jésus à table avec deux de ses Disciples, dans le château d'Emmaüs, d'apr. le Titien ; r. en l. dite *la Nappe*. Anc. Epr.

27 Henri de Lorraine, Comte d'Harcourt, d'apr. N. Mighard ; r. en n. ; cette anc. et brillante Epr. tirée avant la rétouche de la Pl. est avant le n.° 4 dans la marge gauche.

28 MIXELLE. (*M.*) Les OEuvres de Miséricorde, d'après M. Schavè ; 7 r. en l. Epr. en couleurs, 3 suites.

2*

29 MORGHEN. (*Raph.*) Les trois Ages, d'apr. M. Gérard ; ᴘ. en ʟ. Épr. avant la lettre.

3o MULLER. (M.ʳ *H.-Ch.*) Enlèvement de Psyché, d'apr. M.ʳ Prud'hon ; ᴘ. en ɴ.

3ı NANTEUIL. (*Rob.*) Louis XIV, Roi de France et de Navarre, représenté vu presque de face ; très-gr. Portrait dans un ovale, l'ovale posé sur une peau de lion, ı672 ; ᴘ. très-rare, dite *Portrait aux pattes de Lion.*

3ₐ Louis XIV, très-gr. Portrait, ı667.

33 Anne d'Autriche, Reine régente de France, représentée à mi-corps : elle est coiffée en veuve ; très-gr. Portrait ; ₐ Épr., une est avant le guillemet après le millésime ı666. ₐ Lots.

34 PAUQUET. (M.ʳ) Bossuet, Portrait en pied, d'ap. H. Rigaud ; ᴘ. in-8.º en ɴ. ; Épr. avant la lettre (pap. de Chine), et ı Épr de l'Eau-forte. ₐ Est.

35 PIGEOT (Mʳ.) La Transfiguration, d'apr. Raphaël, l'Eau-forte par M. *Queverdo* ; ᴘ. in-4.º en ɴ. Épr. avant la lettre ; pap. de soie.

36 POILLY. (*Fr. de*) Adoration des Anges, d'apr. A. Carrache ; Fuite en Égypte, d'apr. Guide. ₐ Est.

3ɣ RIBAULT. (*J.-L.*) Le Portrait de Bernardin-de-Saint-Pierre ; ᴘ. in-4.º en ɴ., d'apr. M. Laûtte, Épr. avant la lettre ; très-gr. pap.

38 SAINT-AUBIN. (*Aug.* de) Trente-quatre Portraits ; ₐ4 format in-8.º et 8 in-ı8. (Les mêmes Portraits Épr. double). ₐ Lots.

39 SAVART. (*P.*) Diane et Endimion, d'apr. Mantègne ; dix-huit Portraits ; Louis-le-Grand, le Grand-Condé, Catinat, Richelieu, Bernis, Bossuet, Fénélon, Li-

vry, Colbert, Rabelais, Le Tasse, La Fontaine,
Boileau (deux différens Portraits de ce personnage)
Racine, Bayle, Fontenelle, d'Alembert et Mme Des-
houlières; du 1.er Sujet, 2 Épr., 1 est avant la lettre
du Portrait de Bossuet et de celui de Livry; 2 Epr.:
l'Épr. double de celui de Livry est avant le bas-relief.
23 Est. dans 1 vol. in-8.°

40 SCHENKER. (Mr *N.*) Louis XVI, d'apr. Boze;
Marie-Antoinette, d'apr. Mme Le Brun; r. en n.: de
chacun de ces deux Portraits 3 Epr. 6 Est.

41 STRANGE.(*Rob.*) La Justice, la Douceur, d'apr.
Raphaël; — César et Pompéia, d'apr. Cortone; - Six
autres morceaux, d'après Parmesan, Guide et Vanloo. 9 Est.

42 SUYDERHOEF (*J.*). Ald. Swalmius, d'apr. Rem-
brandt; r. dite *le Vieillard à la grande barbe*; plus,
le Portait de N. Rockox, par *L. Vorsterman*, d'apr.
Van-Dyck, 1.ère Épr. avant les médailles, les titres
aux 2 vol. et le nom au buste d'Homére. r. en n. 2 Est.

43 TARDIEU. (M^r.) La Communion de Saint Jérôme,
d'apr. le Dominiquin, 1821; gr. r. en n. Épr. avant
la lettre.

44 WILLE. (*J.-Geor.*) Agar, d'apr. Dietricy; le Ma-
réchal-des-Logis, d'apr. Mr Wille fils; et quatre
Portraits, Massé, etc. 6 Est.

45 WOOLLETT. (*Wil.*) La mort de Wolfe, d'apr.
West. — Niobé, d'après Wilson; r. en l. 2 Est.

ESTAMPES DE DIFFÉRENS MAITRES.

46 Sujets, Vues, Paysages et Études, par *La Belle,*

Salvator Rose, Callot, le Clerc, et autres; 280 r.
2 Lots.

47 Les quatre Cavaliers, d'apr. L. de Vinci ; la Magdeleine, d'apr. Le Brun; la Famille de Darius aux pieds
d'Alexandre, d'apr. P. Mignard, par *Edelinck* (la
3.ᵐᵉ r. de 2 feuil. a été terminée par *Drevet* père);
Adam et Eve, Rébecca, d'apr. Coypel, l'une par
Drevet père, l'autre par *Drevet* fils. 5 Est.

48 Sujets, Vues, Paysages, etc., par *Kobel*, *Pérignon*
et autres. 80 r.

49 Une Vue de Rome et trois Vues de Vienne, gravées
à l'aquatinte, ꝛ.-cꝛ. r. en ꝟ. publ. par Artaria;
4 Est. Ep. en couleurs.

50 Sujets, Batailles, Vues de Ports, Marines, etc.,
Morceaux à l'eau-forte et au burin; 128 r. 7 Lots.

51 Sujets, Études, Histoire Naturelle, ces Morceaux en
manière noire ou au pointillé; 88 r. plusieurs sont
coloriées. 5 Lots.

52 Vingt-quatre Estampes, d'apr. des Tableaux du Musée; publ. par Filhol.

53 Sujets de tout genre, Vignettes et Portraits; 470 r. et
un cahier. 6 Lots.

54 Sujets, Vues et Portraits; au nombre des Sujets, plusieurs d'apr. Le Poussin; 107 r.; 181 Dessins, Croquis,
etc. 4 Lots.

55 Costúmes, par *N. Heideloff*, 50 r.; Portraits divers,
50 r.; en tout 100 Est. 4 Lots.

56 Portraits, par *Ant.* et *Magd. Masson.* et par *Rob.
Nanteuil ;* 36 r. 3 Lots.

57 Portraits par les *Chereau, Dalen, Daullé,* les *Dre-*

ret, *Edelinck, Gontsbloem, Louijs, Suyderhoëf,
L. Visscher, etc.*; 154 r. 5 Lots.

58 Trois Porte-feuilles : un contient des Cartes géographiques.

FIGURES ET VIGNETTES.

59 CHATEAUBRIAND (*M.' Fr. Aug. de*). Fig. pour le Génie
du Christianisme, d'apr. M.' Le Barbier, par *R.'Delaunay, Delignon, Halbou, MM. P. Baquoy, Dambrun, D'Elvaux et Villerey*; et le Portrait de
M.' de Châteaubriand, d'apr. M.' Girodet Trioson, par
M.' Laugier: 8 r. in-8°; Epr. avant la lettre (celle
du Portrait sur papier de soie).

60 DEMOUSTIER (*Ch. Alb.*) Fig. pour les Lettres à Emilie
sur la Mythologie, d'apr. Moreau, par *De Ghendt*, 8;
Simonet, 4; *Thomas*, 2; *Trière*, 4; *MM. D'Elvaux*, 15; *Roger*, 2, etc. : 36 r. in-18, Epr. avant
la lettre.

61 DESTOUCHES (*Phil. Néricault*). Fig. pour ses OEuvres,
d'apr. M.' Lafitte, par *Delignon*, 1 ; *V. Langlois*, 1 ;
Ribault, 2; *MM. Courbe*, 1 ; *D'Elvaux*, 3 ; *Pigeot*, 1, etc.; et le Portrait de Destouches, d'apr.
Berruer, par M.' *Macret* : 12 r. in-8.° Plus, 9 Epr.
des Eaux-fortes. 21 Estampes.

62 FÉNÉLON (*Fr. de Salignac de La Mothe*). Fig. pour
le Télémaque, d'apr. Monnet, par *Tilliard*. 72 Sujets;
24 Sommaires, et 2 Portraits de Fénélon ; ces derniers d'apr. Vivien, par *Saint-Aubin*. 1 des Portraits
dans un médaillon avec ornement, par *Choffard*.
98 r. in-4.°

63 Fig. pour le Télémaque, d'apr. Marillier, par des Graveurs modernes ; et le Portrait de Fénélon, d'apr. Vivien, par *Hubert* : 25 r. in-8°. Epr. avant la lettre.

64 Fig. pour le Télémaque, d'apr. Moreau, par *De Ghendt, Simonet, M.r Girardet*, etc; et le Portrait de Fénélon, d'apr. Vivien, par M.r *D'Elvaux* : 26 r. in-8.°, 2 Exempl., 1 des Exempl est avant la lettre. 2 Lots.

65 Foé (*Daniel de*). Fig. pour les Aventures de Robinson-Crusoé, d'apr. Stothart, par M.r *D'Elvaux* : 15 r. in-8°. Epr. avant la lettre.

66 Garnier (*Ch.-Geor.-Thom.*). Fig. pour les Voyages imaginaires : 70 r. avant les n.°°; et 12 r. de celles des Contes des Fées. 80 r. in-8.°, d'apr. Marillier.

67 Gérard (*P.-L.*). Fig. pour le comte de Valmont; d'apr. Moreau, par *De Ghendt*, 2; *Trière*, 1 ; MM. *D'Elvaux*, 2; *Hulk*, 1. Ces 6 r. in-8.° Epr. avant la lettre.

68 Gresset (*J.-B.-Louis*). Fig. pour ses OEuvres, d'apr. Moreau, par *De Ghendt*, 1 ;*Simonet*, 7 : 8 r. in-8.°; Epr. avant la lettre. Plus, 3 autres Exempl. 2 Lots.

69 Hamilton. etc, (*Ant.*) Fig. d'apr. Moreau; savoir : les Facardins, Zénéïde et Fleur-d'Epine, par *De Ghendt*; et le Bélier, par *Trière*. 4 r. in-8.°; 7 Exempl.: 3 des exempl. sont avant la lettre. 2 Lots.

70 La Borde (*J.-Benj.*). Fig. pour le Choix des Chansons publ. en 4 vol. in-8.° en 1773; savoir : pour le T. 1.er, 27 r., par *Moreau;* 1 de Front. et 1 de Déd., d'apr. lui; par *Masquelier.* Pour les T. II.e, III.e et IV.e, 78 r. (3 Frontispices compris), d'apr. M.r Le Barbier ; par *Masquelier* et *Née*. De plus, 1 Front. avec Fleuron, par *Moreau* : 108 r., et 70 Epr. répé-

tées (la plupart d'eau-forte). En tout, 178 Est., 1 Porte-feuille in-4°.

71 La Fontaine (*J. de*). Fig. pour les Fables, d'apr. Vivier, par *Coiny* et *Simon* : 278 p. in-18, (Front. compr.) I.re Epr. papier vélin, format in-8.°; 2 Porte-feuilles in-4°.

72 Fig. pour les Fables, d'apr. M.r Bergeret, par MM. *Courbe*, 1 ; *Duparc*, 1 ; *Dupréel*, 2 ; *Mal-beste*, 1 ; *Niquet*, 1 ; *Pauquet*, 2 ; *Pigeot*, 3, etc.: 12 p. in-4.° Epr. avant la lettre. 3 Ex. 3 Lots.

73 Fig. pour les Contes et Nouvelles (Edit. dite des *Fermiers-généraux*, publ. à Amsterdam en 1762), d'apr. Eisen, par *C. Baquoy*, *Choffard*, *De La Fosse*, *De Longueil*, *Le Mire*, *Le Veau*, etc.: 76 p.; et les Fleurons, Vignettes et Culs-de-lampe dessinés et gravés par *Choffard*. 58 p.; en tout 134 p. in-12, 2 Porte-feuilles in-8°.

74 Fig. pour les OEuvres de La Fontaine, d'apr. Moreau, par *De Ghendt*, 3 ; *Delignon*, 2 ; *Simonet*, 2 ; *Trière*, 2 ; MM. *Bosq*, 2 ; *D'Elvaux*, 4 ; *Devilliers frères*, 5 ; *Mariage*, 1 ; *Pigeot*, 1 ; *Villerey*, 3 ; et le Portrait de La Fontaine, d'apr. Rigaud, par *Ribault* : 26 p. gr. in-8.°, Epr. avant la lettre. Plus, 3 Exempl. Epr. avec la lettre. 2 Lots.

75 Licht (le P. de). Fig. pour l'Histoire de la vie de Jésus-Christ, exécutées sous la direction de M.r L. Petit, d'apr. des tabl. de maîtres des trois écoles, par *R. Delaunay*, 3 ; *Delignon*, 1 ; *L. Duval*, 1 ; *V. Langlois*, 9 ; *Romanet*, 1 ; MM. *Baquoy*, 3 ; *Bovinet*, 2 ; *Courbe*, 3 ; *Dambrun*, 14 ; *D'Elvaux*, 9 ; *De Saint-Aubin*, 2 ; *Duhamel*, 6 ; *Faulconnier*, 3 ; *L. Petit*, 2 ; *Pigeot*, 9 ; *Ponce*, 2 ; *Niquet* l'aîné, 2 ; *Villerey*, 3 : 75 p., Epr. avant la lettre. Carte de la

Palestine, par MM. *Blondeau* et *L. Aubert*, et les
75 Epr. d'Eaux-fortes des Sujets; en tout 151 r. in-
4.º dans un Porte-feuille.

76 Molière (*J.-B. Pocquelin de*). Fig. pour ses OEuvres,
d'apr. Moreau (1.re Suite), par *C. Baquoy*, 3 ; *De
Ghendt*, 2; *N. Delaunay*, 2; *Duclos*, 4; *Le Bas*, 1 ;
Le Grand, 1 ; *Le Veau*, 4; *Masquelier*, 1 ; *Moreau*, 1 ; *Née*, 6; *Simonet*, 7, et M.r *Helman*, 1 ; et
le Portrait de Molière, d'apr. P. Mignard, par *Ca-
thelin* : 34 r. in-8.º, anc. Epr.

77 Les mêmes Estampes; 34 r., avec fausse marge, de
format in-4º.

78 Fig. pour les OEuvres de Molière, d'apr. Moreau,
(2.me Suite), par *De Ghendt*, 1 ; *Ribault*, 2; *Simonet*, 13; MM. *Bosq*, 2; *Croutelle*, 1; *D'Elvaux*, 1;
De Villiers frères, 1; *Girardet* (com.cé par R. D.) 1;
Roger, 7; *Villerey*, 1: et le portrait de Molière,
d'apr. un buste de Le Moyne, par *Aug. de Saint-
Aubin* et M.r *Pigeot* : 31 r. in-8.º; Epr. avant la
lettre. Les noms des artistes la plup. tracés à la pointe.

79 Montesquieu (*Ch. Secondat, Bar. de la Brède et de*).
Fig. popr ses OEuvres : d'apr. Chaudet, 1 ; Moreau, 1 ;
Peyron, 7; MM. Perrin, 3, et Vernet, 1 : gravées,
par *De Ghendt*, 1 ; *Langlois J.*, 1 ; *Le Mire*, 1 ;
Malapeau, 1 ; *Née*, 4 ; *Patas*, 2; MM. *Girardet*, 1,
(Régulus); *Pauquet*, 1. Ces 13 r. in-4.º pap. vél,
Epr. avant la lettre (1 de Née, d'apr. M.r Perrin,
excepté); et 12 des Epr. d'eau-forte. 25 Est.

Nota. Manque à cette Suite, le Portrait de Montesquieu,
d'après Chaudet, par M.r *Tardieu*.

80 Les Estampes de la même Suite, et le Portrait, par
M.r *Tardieu*; 14 r. in-4º.

81 Ovide (*Publius Ovidius Naso*). Fig. pour les Métamorphoses (trad. de Banier), gravées par les soins
de Le Mire et Basan, d'apr. Boucher, Eisen, Gra-
velot, Le Prince, Monnet, Moreau, Parizeau, et
M.ʳ Gois, par *C. Baquoy*, 7; *Basan*, 3; *Binet*, 10; *De
Ghendt,* 5; *N. Delaunay,* 10; *De Longueil,* 5; *Duclos,* 1;
Le Grand, 6; *Le Mire,* 25; *Le Roi,* 1; *Le Veau,* 16;
Masquelier, 2; *Massard,* 16; *Miger,* 2; *Née,* 11;
Rousseau, 3; *St.-Aubin,* 3; *Simonet,* 6; MM. *Hel-
man,* 1; *Ponce,* 6 : 139 ᴘ.; le Titre, 2 bordures de
l'Épître dédic. et le Cul-de-lampe, par *Choffard.*
En tout 143 ᴘ. in-4°.

82 Racine (*Jean*). Fig. pour ses OEuvres, d'apr. Moreau, par *Trière,* MM. *Courbe, Dupréel, Hulk,
Mariage,* etc.; et le Portrait de Racine, d'apr. San-
terre, par M.ʳ *Macret* : 13 ᴘ. in-8.°; Epr. avant la
lettre.

83 Rousseau (*Jean-Jacques*). Fig. pour ses OEuvres,
(Edition in-4.°) d'apr. Moreau, 30 ᴘ., et M.ʳ le
Barbier, 8; par *Choffard,* 1; *N. Delaunay,* 6;
R. Delaunay, 4; *Duclos,* 5; *Halbou,* 1; *Ingouf,*
2; *Le Mire,* 10; *Le Veau,* 1; *Martini,* 1; *Moreau,* 1; *Romanet,* 1; *Simonet,* 3; *Trière,* 1; et
M.ʳ *Dambrun,* 1 : 38 ᴘ.: Cul-de-lampe, par *Choffard*
et *Moreau,* 13 ᴘ.; le Portrait de Rousseau, d'apr.
de La Tour, par *Aug. de Saint-Aubin* : ces 52 ᴘ.
in-4°. Plus, des Fig. pour l'Edit. très-gr. in-4.°, publ.
par Maisonneuve : 18 ᴘ. d'apr. Cochin et M.ʳ Monsiau;
en tout 70 Est.

84 Fig. pour les OEuvres de Rousseau, d'apr. Moreau,
MM. Adam, Le Barbier, Chasselat, Choquet, etc.;
et le Portrait de Rousseau : 65 ᴘ. in-8.°, par des

graveurs modernes; elles sont 1.res Epr. avant les bord. Plus, les Eaux-fortes des 64 Sujets, 129 Est., et Fig. gravées par Mr *Dupréel* et sous sa direction; p. in-12°. Epr. avant la lettre. 1 Porte-feuille in-4.°,

85 Sacy (*Louis-Isaac le Maître de*). Fig. pour sa traduction du Nouveau-Testament (les 4 Évangélistes et les Actes des Apôtres), d'apr. Moreau, par R. *Delaunay*, 1; *Delignon*, 7; *De Longueuil*, 7; *Giraud*, 1; *Halbou*, 13; *Hubert*, 2; *V. Langlois*, 11; *Simonet*, 6; *Thomas*, 3; *Tilliard*, 1; MM. *Baquoy*, 6; *Dambrun*, 17; *Duhamel*, 6; *Langlois*, 1; *L. Petit*, 2 : 84 p. in-8.°, 2 Porte-feuilles in-4°.

86 Saint-Pierre (*Jac.-Henri Bernardin de*). Fig. pour le Roman de Paul et Virginie; savoir; le Portrait de Bern. de St.-Pierre, d'apr. Mr Lafitte, par *Ribault;* Enfance de Paul et Virginie, d'apr. Mr Lafitte, par Mr *Bourgeois de la Richardière;* Passage du Torrent, d'apr. Mr Girodet, par Mr *Roger;* Arrivée de M.^r De la Bourdonnais, d'apr. Mr Gérard, par Mr *Mécou;* les Adieux, d'apr. Moreau, par Mr *Prot;* Naufrage de Virginie, d'apr. Mr Prud'hon, par Mr *Roger;* les Tombeaux, d'apr. Mr Isabey, par Mr *Bovinet*: 7 p. in-4.°; Epr avant la lettre, et les Eaux-fortes des 6 Sujets. Plus, pour le même ouvrage, 4 p. in-8.°, d'apr. Moreau, par *Delignon*, *De Longueuil*, et Mr *Dambrun*: Epr. avant la lettre. 17 Est.

87 Tasse (*Torquato Tasso*) (le). Fig. pour la Jérusalem délivrée, d'ap. Cochin, par R. *Delaunay*, 1; *Delignon*, 4; *Duclos*, 1; *Lingée*, 3; *Patas*, 2; *Prevost*, 2; *St.-Aubin*, 2; *Simonet*, 4; *Tilliard*, 10;

Trière, 3; *Varin*, 1; et MM. *Dambrun*, 7; *Ponce*, 1 :
41 r. in-4.º (Front. compris). Anc. Epr.

88 Virgile (*Publius Virgilius Maro*). Fig. pour ses
OEuvres, d'apr. Moreau, 5, et Zocci, 12: par *De-
lignon*, 2; *Halbou*, 1; *Simonet*, 1; *Thomas*, 3;
MM. *Baquoy*, 5; *Dambrun*, 1; *D'Elvaux*, 1;
Duhamel, 1; *Dupréel*, 1; *Ponce*, 1; et le Portrait
de Virgile par M.ᵉ *Dupréel* : 18 r. in-8.º, pap. vél.,
Epr. avant la lettre, et 12 Epr. des Eaux-fortes; en
tout 30 Est. Plus, 2 Exempl. des 17 Sujets. 2 Lots.

89 Voltaire (*Mar.-Franç. Arouet* de) Estampes destinées à orner ses OEuvres (1.ʳᵉ Suite); 95 Sujets,
d'apr. Moreau, savoir: pour le Théâtre 44, la Henriade 10, la Pucelle 21, les Contes 4, les Romans 14,
les Allégories, 2, gravées par *R. Delaunay*, 2; *Delignon*, 10 (compris 1 Pl. répétée du sujet d'Aga-
thocle); *De Longueil*, 9; *Duclos*, 7; *H. Guttenberg*, 1; *Halbou*, 9; *V. Langlois*, 2; *Le Mire*, 2;
le Veau, 3; *Lingée*, 2; *Masquelier*, 1; *Patas*, 1;
Romanet, 3; *Simonet*, 14; *Trière*, 10; MM. *Baquoy*, 4; *Croutelle*, 2; *Dambrun*, 13; *Helman*, 1.
Ces 96 P. (compr. la Pl. répétée), Epr. avant la
lettre; à plusieurs des marges rapportées. — Portraits
de Charles VII, Dunois, Jeanne d'Arc, Agnès Sorel,
Henri IV, Louis XIV, Louis XV, Pierre I.ᵉʳ, Catherine II, Charles XII, Frédéric II, le comté
d'Argental, la marquise du Châtelet, d'Alembert,
et 3 de Voltaire: ces 17 r. par *Beisson*, 1, *Fossoyeux*, 5;
MM. *Langlois*, 4; *Maviez*, 3, et *Tardieu*, 4; anc.
Epr. En tout 113 r. in-8º.

> Nota. On a joint à cette Suite, 1.º 13 r. litographiées par
> M.ʳ *Marlet*, pour la Henriade: Epr. avant la lettre;
> Voltaire à Ferney, par *Née*; le Couronnement de Vol-

taire, d'apr. Moreau : 2 p. de ce Sujet, l'une in-4.º, par *Gaucher*; l'autre in-8.º; 2 Portraits de Voltaire, d'apr. de Largillière et de Latour, par MM. *Couché* fils et *L. Petit*; les Portraits de Moreau et de Beaumarchais : le 1.er d'apr. Cochin, par *Aug. de Saint-Aubin* : 9 de ces dernières p. sont avant la lettre; Croquis de divers Portraits de Voltaire, dessinés dans le cours de sa vie, par Hubert de Genève; 53 p. par M.r *Villerey*;

2.º Portraits de personnes de tous états; 35o p. destinées à être placées dans les OEuvres de Voltaire. plusieurs sont gravées par *De Marcenay*, *Ficquet*, *Gaucher*, *Le Mire*, *Saint-Aubin*, *Savart*, *Schmidt*, *Simon*, *Wille* et M.r *Roger*; d'autres publiées par Boisseuin, Daumont, Desrochers, Montcornet, etc. : en tout, Suite et les Pièces qu'on y a joint, 485 Est., 4 porte-feuilles in-4.º

90 Quatre-vingts p. in-8.º faisant partie de la 1.re Suite des Fig. gravées d'apr. Moreau pour les OEuvres de Voltaire, savoir : du Théâtre, 35 ; de la Henriade, 10; de la Pucelle, 16; des Contes, 3, des Romans, 9; Allégories, 2; Portraits, 5.

91 Fig. in-4.º, d'après Moreau, pour la Henriade, par *Trière*, *R. Delaunay*, M.r *Dambrun*, *Lingée*, *Palas*, *H. Guttenberg*, M.r *Helman*, *Simonet*, *Duclos*, *Romanet*. De ces 10 p. (1), 2 Exempl, l'un d'Epr. avant la lettre : on y a joint 6 Epr. des Eaux-fortes; les Epr. du 2.me Exempl. sont avec la lettre. 2 Lots.

92 Estampes destinées à orner les édit. des OEuvres de Voltaire (2.me suite) (2); 146 p. in-8.º, savoir: 113 Sujets

---

(1) Cette Suite est ordinairement précédée de 3 Portraits in-4.º : Voltaire d'apr. de la Tour, par M.r *Langlois*; le Roi de Prusse d'apr. Moreau, par *Duclos*; et Henri IV d'après Pourbus, par M.r *Tardieu*.

(2) Cette 2.e Suite publiée par M.r *Renouard*.

d'apr. Moreau, savoir : pour le Théâtre, 44 ; la Henriade, 10 ; la Pucelle, 21 ; les Contes, 6 ; les Romans,
27 ; l'Histoire, 5 ; ces *r.* par *Blot*, 3 ; *Coiny*, 3 ; *De
Ghendt*, 12 ; *F. Godefroy*, 3 ; *Halbou*, 1 ; *Ingouf* j., 1 ;
Nicollet, 5 ; *Ribault*, 2 ; *Romanet*, 4 ; *Simonet*, 42 ;
Thomas, 3 ; *Trière*, 8 ; *Mme Croutelle*, 1 ; *D'Elvaux*,
7 ; *Girardet*, 3 ; *Urb. Massard*, 1 ; *L. Petit*, 2 ;
Roger, 3 ; *Willerey*, 9 ; les Épr. de ces 113 *r.* sont avant
la lettre : à la presque totalité, les noms des Artistes
à la pointe sèche ; 33 Portraits, savoir : Henri IV,
Louis XIV, Louis XV, Pierre Ier, Catherine II,
Charles XII, Frédéric II, Condé, Turenne, Col-
bert, Bossuet, Fénélon, Pascal, Newton, d'Alem-
bert, P. Corneille, Molière, La Fontaine, Boileau,
J. Racine, Montesquieu, Voltaire, Buffon, J.-J.-
Rousseau, Ch. Le Brun, Mmes Ninon, Sévigné, Main-
tenon, Montespan, la Vallière ; ces 30 *r.* par *Aug. de
Saint-Aubin* ; Bacon et Mme du Châtelet, par
M.^r *D'Elvaux*.— Plus, le buste de Voltaire, d'ap.
Vernet ; *r.* litographiée. En tout 147 Est.

93 La même suite de Figures, 113 Sujets et 33 Portraits.
146 Est.

94 De la même suite, les Fig. pour le Théâtre, 44 Sujets
précédés du Portrait de Voltaire. 45 Est.

FIGURES ET VIGNETTES DIVERSES.

95 Fig. pour le Rolland de l'Arioste, 67 *r.* in-8.° ; —
pour le Lutrin de Boileau, d'apr. Moreau, 6 *r.* in-8.°
Épr. avant la lettre ; — pour Atala, par Mr de Château-

briand, par *Choffard*, etc., 6 p. in-12 : Épr. avant
la lettre; — pour P. Corneille, 34 p. in-8.°, d'apr.
Gravelot; — pour Crébillon, 10 p. in-18, d'apr.
Peyron. En tout 123 Est.

96 Fig. pour le Poëme de la Pitié, par Delille ; 6 p. in-12,
d'apr. M.r Monsiau, par M.r *Anselin* ; Épr. avant la
lettre; — pour le Télémaque de Fénélon, d'apr. Le
Fevre, par *Coiny*, etc., 25 p. in-18; — pour le Numa
de Florian, d'apr. Queverdo, par M.r *Dambrun*, 13 p.
in-18; — pour le Gessner, d'apr. Moreau, 46 p. in-
18; — pour le Roman de Werther, de Goethe, d'apr.
Moreau, par *Simonet*, 3 p. in-8.°, Épr. avant la
lettre : 2 Exempl. En tout 96 Est.

97 Fig. pour les Préjugés militaires, par le Prince de
Ligne, 16 p. in-18, par *Choffard*; — pour l'Histoire
Philosophique de Raynal, d'apr. Cochin et Moreau,
11 p. in-8.°; — pour J.-Jac. Rousseau, 44 p. in-4.°;
— pour le Guliver de Swift, d'apr. Le Febure,
par *Masquelier*; 10 p. in-18, Epr. avant la lettre;
— pour Jehan de Saintré de Tressan, 4 p. in-12, d'apr.
Moreau; — pour le Voltaire, 40 p. in-4.°, d'apr. Gravelot. En tout 125 Est.

98 Fig. des OEuvres de La Fontaine, Berquin, Florian,
Gessner, etc., plusieurs d'apr. Marillier et Moreau,
d'autres de *Coiny*, 632 Est. 8 Lots.

RECUEILS.

99 Vie de Nic. Poussin, suivie de son OEuvre complète ;
Paris; Massard l'aîné, 5 1.res liv. in-8.°, pap. vél.
br. ; Fig. en 30 p. ; Épr. avant la lettre. 2 Exempl.

100 Galerie de Saint Bruno, peinte par E. Le Sueur,
dessinée et gravée par *A. Villerey*. Paris, 1808, in-8.º
pap. vél. cart. à dos en mar. r., les Fig. en 26 ɛ. (le
Portrait de Le Sueur compr.); Épr. avant la lettre;
plus, 26 Épr. d'Eau-forte.

101 Nouvelles Vues perspectives des Ports de France,
dessinées pour le Roi, par N. Ozanne, gravées par
Y. Le Gouaz, 62 ɛ. (Comp. 1 tit. et une cart.); —
différens Ports et Rades; d'apr. N. et P. Ozanne,
par *Jeanne-Fr.-Ozanne* et *Y. Le Gouaz*, 18 ɛ.;
1 vol. in-fol. obl. cart. à dos en mar. r.; les Épr.
de 78 Vues sont avant la lettre.

102 Nice et ses environs, ou 20 Vues dessinées d'après
nature en 1812, dans les Alpes Maritimes, par *A...
de L.....*; Paris, 1814, petit in-fol. obl. cart., Fig.
doubles, en couleur et en noir.

103 *Imitations in Chalk, Etched by M. R. S. Cosway
from original drawings, by R. Cosway*, 6 livr.
in-fol. obl. br.

104 *Costume of Portugal*, 1 vol. in-4.º, cart. pap. vél.;
Fig. en 50 Pl.; Épr. coloriées.

105 Les Martyrs, par *Luyken*; in-fol. cart. — Fables de
La Fontaine, par *Coiny*; 112 Épr. (plusieurs sont
répétées) — Maisons et Jardins de Plaisance, 3 liv.
2 suites. — Tableaux de la Révolution, 18 1.res livr.
3 Lots.

LIVRES A FIGURES.

106 L'Imitation de Jésus-Christ, traduct. du R. P. Gon.

nelieu. Paris, Janet, 1818, gr. in-8.º, pap. vél. cart,
Fig. en 5 Pl., d'après les Dessins de M. Hor. Ver-
net, par Mrs *Bovinet*, 1; *Le Roux*, 2 ; et *Pigeot*, 2;
Épr. avant la lettre; les eaux fortes sont de Mrs *Blan-
chard* et *Vallot*.

107 La Jérusalem délivrée, trad. par P. L. M. Baour-
Lormian. Paris, Delaunay, 1819, 3 vol. in-8.º, pap.
vél., broch. fig.: 1.º Le Tasse, d'apr. Mr Desenne,
par M.^r *D'Elvaux* ; 2.º deux Sujets, d'apr. Mrs Bergeret et Desenne, par Mrs *Pauquet* et *Muller*. On a
joint à cet exempl. 21 r., 20 d'apr. M.^r le Barbier
et 1 (Le Tasse) d'apr. Mr Chasselat ; 13 des Épr.
s'y trouvent répétées avant la lettre. En tout de
cette 2.me suite, 34 Est.

108 OEuvres de maître Fr. Rabelais, publ. en Anglais
par M. le Motteux, trad. par C. D. M. Paris,
Bastien, an VI (1797), 3 vol. in-4.º pap. vél. cart.
à dos en mar. r., Fig. en 76 r.

109 Les Amours de Psyché et de Cupidon; et le Poëme
d'Adonis, par La Fontaine. Paris, Didot jeune, an 3
(1795), in-fol. gr. pap. vél. Fig. en 8 r., d'après
Moreau, par Mr *Dambrun*, 2, *de Ghendt*, Mr *Duhamel*, Mr *Dupréel*, *Halbou*, M. *L. Petit* et *Simonet*. Épr. avant la lettre.

NOTA. Manque à cet Exempl. le Portrait de La Fontaine.

110 Le même ouvrage in-fol. pap. vél., les fig. en 9 r.
(le Portrait de La Fontaine, d'apr. Rigaud, par
Audouin, compris.)

111 Les Amours de Psyché et de Cupidon, et le Poëme
d'Adonis, par La Fontaine. Paris, 2 vol. in-18, pap.
vél. cart., Fig. d'apr. Raphaël, par *Coiny*.

112 Les Aventures de Télémaque, par Fénélon. Paris,

de l'imprimerie de Monsieur, 1785. 2 vol. Gr. in-4.º,
pap. vél. cart.; Fig. d'apr. Monnet, par *Tilliard ;*
savoir 72 de sujets, 24 de sommaires, et le Portrait
de Fénélon (médaillon), d'apr. Vivien, par *Saint-
Aubin* et *Choffard*; plus, le Portrait du duc de Bour-
gogne. En tout 98 p.

113 OEuvres de Crébillon. Paris, Didot l'aîné, 1812,
3 vol. gr. in-8.º, pap. vél. cart., Fig. en 8. p. d'apr.
Moreau, par *Ribault* 2, *Simonet* 4, MM.ᵖ *Bosq* 1,
D'Elvaux 1 ; et le Portrait de Crébillon, d'apr.
Aved, par *Ficquet,* Epr. avant la lettre.

114 Histoire Naturelle, par Buffon. Paris, Saugrain, an
VII (1798), 70 vol. in-18. pap. vél. cart. fig. à
l'eau-forte, par M.ʳ *Pauquet ;* les vol. ainsi divisés,
Oiseaux 18, Ovipares et Serpens 4, Quadrupèdes 14,
Poissons 10, Matières générales 24.

115 OEuvres complettes de Voltaire, de l'imprimerie
de la Société littéraire typographique, 1785-89;
70 vol. gr. in-8.º, pap. vél. cart. Fig. en 112 p. :
savoir : 95 Sujets d'apr. Moreau, et 17 Portraits.

116 OEuvres complettes de J.-Jac. Rousseau. Paris,
veuve Perronneau et Guillaume et Compag. 1818-
20; 22 vol. in-12, pap. vél. cart. couverts en pap.
r. mar. ; Fig. par M.ʳ *Duprécl,* et sous sa direct.,
et les Eaux-Fortes desdites p. On a ajouté à cet
exempl. 1.º le Portrait de Rousseau, d'apr. de La
Tour, par *Ficquet,* Epr. avant la lettre ; 2.º une
Vue de la maison où Rousseau est né; 3.º 21 Fig.
format in-18, d'apr. C. Marillier.

117 Paul et Virginie, par Jac.-Henr. Bernardin-de-Saint-
Pierre. Paris, Didot aîné ; 1806, in-4.º pap. vél.
cart., Fig. d'apr. Moreau, M.ʳˢ Gérard, Girodet,

Isabey, La Fitte et Prud'hon, par *Ribault*, Mrs *Bourgeois de la Richardière*, *Bovinet*, *Mécou*, *Prot*, et *Roger*, 7 p. 1.^{eres} Epr.

118 Le même ouvrage, Exempl. cart. couvert en pap. bleu.

119 Fables d'Esope, représentées en figures avec les explications, pour servir à l'éducation des enfans. Paris, H. Remoissenet, 2 part. en 1 vol. gr. in-4.º pap. vél. relié en v. fil. et tr. dor., Fig. en 127 p. (Tit. et Front. compris).

120 Entretiens de Phocion, trad. du grec de Nicoclès, par Mably. Paris, Didot j., an III (1795), in-fol. pap. vél. Fig. en 2 Pl. d'apr. Moreau, par Mrs *Dambrun* et *Dupréel*. Epr. avant la lettre.

121 Le Glaneur, ou Essai de Nic. Freeman, recueillis et publ. par A. Jay. Paris, 1812., in-8.º cart. — Histoire du Ministère du Cardinal de Richelieu, par A. Jay. Paris, 1816, 2 vol. in-8.º pap. vél. En tête le Portrait du Cardinal.

122 Le Pour et le Contre, recueil d'opinions prononcées dans le procès de Louis XVI. Paris, Buisson et Chaudé; 1 vol. in-8.º cart. Fig. en 2 Pl. Portrait et Sujet; — Mémoires secrets sur l'établissement de la Maison de Bourbon en Espagne. Paris, 1818, 2 vol. in-8. pap. vél. br.

123 Figures de l'histoire de France, d'après Moreau et sous sa direction, et deux Discours, l'un de l'abbé Garnier, l'autre de L. A. Dingé. Paris, 1785-90, 3 vol. in-4.º Fig. en 166 Pl. sous 164 N.^{os}, compr. 1 déd. et 4 cartes. — Plus, Figures de l'histoire de France, d'apr. Lépicié, sous la direc. de Le Bas, 29 p. in-4.º, le frontisp. d'après Monnet compr.

124 Nouvelle Explication des hiéroglyphes des Egyptiens, par A. Lenoir: Paris, 1809-10, 3 vol. in-8.º pap. vél. cart. Fig. par M.lle *C. Naudet*, et autres. 74 r.

125 Musée des Monumens français par A. Lenoir. Paris, 1800-3, 6 vol. in-8.º pap. vél. cart. Fig. en 271 r., par *Guyot* et M.r *Percier;* dans les 5 1.ers vol. 216 sous 215 n.os; dans le 6.me vol. 55.

126 Galerie mythologique, par A. L. Milin. Paris, 1811, 2 vol. in-8.º br. Fig. au trait.

PLANCHE GRAVÉE.

127 Portrait de L. J. M. de Bourbon, Duc de Penthièvre, d'apr. L. M. Vanloo, par *Et. Fessard* et *Aug. de Saint-Aubin*, Pl. in-fol. publ. par H. Remoissenet; 1 cuivre, 108 Epr.; 40 des Epr. sont avant l'adresse.

> NOTA. Ce Portrait est de même format que ceux du Roi, des Princes et des Princesses, par P. Audouin.

ADDITION.

ESTAMPES ENCADRÉES ET EN FEUILLES.

128* AUDOUIN. (*P.*) Vénus arrachant une épine de son pied, d'apr. 1 Tabl. dit de l'Ecole de Raphaël. P. en H.

129 BERVIC. (*Ch.-Clém.*) L'Enlèvement de Déjanire, l'Education d'Achille, d'apr. Le Guide et M.ʳ Regnault. 2 P. en H.

130* L'Innocence, d'apr. M.ʳ Mériméc. P. en H.

131* BETTELINI. (*P.*) L'Adoration des Bergers, d'apr. Adr. Vander Werf. CR. P. en H.

132 BROMLEY. (*W.ᵐ*) La Mort de Lord Nelson, d'apr. A. W. Devis; P. en L. Epr. avant la lettre (pap. de Chine).

133* BROWNE. (*John*) *The Waggoner*, d'apr. Rubens. P. en L.

134 BULLI. (*Pietro*) *Ceice e Alcione*, d'apr. R. Wilsón. P. en L

135 PICQUET. (*Eti.*) Fénélon, d'apr. Vivien ; J.-Jac. Rousseau, d'apr. de la Tour, Epr. avant la lettre ; — Plus, Polignac, d'apr. Rigaud, par *Grateloup*. 3 Est.

136 FOLO. (*Gio.*) Mars et Vénus, Angélique et Médor, Iris, Echo, d'apr. Cangiage, Matteini et Read. 4 P. en H.

137 Jupiter et Antiope, Vénus à la coquille, d'apr. Gagnereux et Nocchi. P. en L. 2 Est.

138*GIRARDET. (M.ᵉ) Apothéose d'Auguste, gravée sur le dessin fait par M.ʳ Bouillou, d'apr. un Camée antique. P. en N.

139 Fête à Bacchus; Fête à Cérès; d'apr. Poussin. 2 P. en L.

140 GMELIN. (*W. F.*) *I Sepolchri del Pussino, il Temporale del Pussino*, d'apr. N. Poussin; — *Rinaldo e Armida*, d'apr. le Gaspre; — *Fuga in Egitto, Aci e Galatea*, d'apr. Claude le Lorrain; ces 5 Gᴿ. P. en L.

141 LIGNON. (M.ᵉ) Atala, d'apr. M.ʳ Gautherot; P. en L. 2 Epr. 1 est avant la lettre. 2 lots.

142 LONGHI. (*Gius.*) La Magdeleine du Corrége, Galatée, d'apr. le Corrége et l'Albane. 2 P., l'une en L., l'autre en N.

143 MARAIS. (*Henr.*) La Fontaine conduit à l'Immortalité. P. en N. d'apr. M.ʳ Prud'hon, etc. 4 P. 1.ᵉʳᵉˢ Epr.

144 MASSARD. (*M.ʳ Urb.*) Sainte Cécile, d'apr. Raphaël; 2 Epr.; 1 est avant toutes lettres, seulement les noms d'auteurs tracés à la pointe (pap. de Chine); l'autre avant les armes, seulement le tit. *Sainte Cécile.* 2 lots.

145 Apollon et les Muses, d'apr. Jules Romain. P. en L. 2 Epr. avant la lettre (1 pap. de Chine). 2 lots.

146 La Mort de Socrate, d'apr. M.ʳ David, par *J. Massard*; P. en L. Epr. sans lettre.

147 Homére, d'après M.ʳ Gérard. P. en N. 2 Epr. 1 est avant la lettre. 2 lots.

148 Hippocrate, d'apr. M.ʳ Girodet-Trioson. P. en L. 2 Epr. 1 est avant la lettre; plus, 1 Epreuve de l'Eau-Forte. 3 lots.

Suite des Morceaux de M.ʳ Urbain MASSARD.

149 Atala, d'apr. M. Girodet-Trioson. ᴘ. en ʟ. 1.ᵉʳᵉ Epr. le tit. *Atala* tracé à la pointe. (Pap. de Chine).

150 Homme vu à mi-corps et de profil : il tient une lance, Sujet dans un ovale, d'apr. M.ʳ Bouillon, Epr. avant la lettre, et le Duc de Feltre, d'apr. M.ʳ Fabre. ᴘ. en ʜ. 2 Est.

151 MASSON. (*Ant.*) Marin, d'apr. P. Mignard ; ᴘ. en ʜ. Epr. avant la contre-taille sur la joue droite de Marin.

152*MECOU. (*M.ʳ*) *Ah! come l'avessi in bocca*; ne mange pas tout ; non je vais les lui rendre, d'apr. M.ʳ Sicardi. 3 ᴘ. en ʜ. 2 lots.

153*MORGHEN. (*Raph.*) La Cène, d'apr. Léonard de Vinci. ᴛʀ. ɢʀ. ᴘ. en ʟ.

154 La Vierge, l'Enfant-Jésus et Saint Jean, d'apr. Raphaël ; Sujet composé dans un rond. ᴘ. dite *la Vierge à la Chaise.*

155 Le Char de l'Aurore, d'apr. le Guide. ᴛʀ. ɢʀ. ᴘ. en ʟ.

156 Lot et ses Filles, d'apr. le Guerchin. ᴘ. en ʟ. et sans Tit.

157 Le Repos en Egypte et le Sujet dit *les Heures,* d'apr. le Poussin. ɢʀ. ᴘ. en ʟ.

158 Les trois Ages, d'apr. M.ʳ Gérard. ɢʀ. ᴘ. en ʟ. 2 Epr. 1 avant la lettre ; seulement les noms d'auteurs (pap. de Chine) ; l'autre Epr. aussi avant la lettre, mais où le Tit., *les trois Ages,* est tracé à la pointe. 2 lots.

159 PARBONI. (*Pietro*) Les Chasseurs, d'apr. N. Poussin ; Abraham et Isaac, la Cascade, les Pâtres, d'apr. le Gaspre ; Danse de Bergers et Temple d'Apollon, d'apr. Claude le Lorrain. 6 ɢʀ. ᴘ. en ʟ.

'*Suite des Morceaux de* Pietro PARBONI.

160 Temple de Vénus et le Moulin. d'apr. Claude le Lorrain. 2 GR. P. en L.

161* Le Moulin de Claude, d'apr. Claude le Lorrain. P. e n L.

162 PAVON (Ign.). La Cène, d'apr. Léonard de Vinci. TR.-GR. P. en. L.

163 *Mater pulchræ dilectionis.* St. Jean, la Magdeleine, d'apr. An. Carracci, Dominiquin et Schidone. — *Mater amabilis*, *Mater dolorosa*, d'apr. Salso Ferrato. 5 P. en H.

164 PELÉE (M.' P.). St. Jean l'évangéliste, d'apr. Dominiquin; Sujet de demi-Figure : P. en H.; 2 Epr., 1 est avant la lettre. 2 Lots.

165 RAINALDI (*Franç.*). La Cène, le Char de l'Aurore, d'apr. Léonard de Vinci et le Guide : 2 moy. P. en L.

166 RICHOMME (M.'). Neptune et Amphitrite, d'apr. Jules Romain : P. en H. Epreuve avant la lettre.

167 VOLPATO (*Joa.*). Les Prophètes et les Sybilles, d'apr. Michel-Ange : 6 P. en H.

168 Le Char de l'Aurore, dit *le Char de la Nuit*, d'apr. le Guerchin : TR.-GR. P. en L.

169 Mercure et Argus, d'apr. le Poussin; Énée, d'apr. le Gaspre; — Apollon et Mercure, et Céphale et Procris ; d'apr. Claude le Lorrain : 4 GR. P.; les 2 1res en L., les 2 autres en H.

170 Le Repos en Égypte; Numa et Égerie, l'Ile de Délos, et les Bergers; d'apr. Claude le Lorrain : 4 GR. P. en L.

171* WOOLLETT (*Will.*). Jacob et Laban, d'apr.

ESTAMPES

PAR ET D'APRÈS DIFFÉRENS MAÎTRES.

172 Sujets de l'Histoire Sainte et de l'Histoire Profane, Paysages, etc; par *Marc-Antoine Béatricius, Bartolozzi, Porporati, C. Visscher, Bolswert, Drevet, Boissieu* et autres : 36 p. 2 Lots.

173 Sujets, Vues et Paysages, par *Bertaux, Boissieu* et autres : 675 p.; cent cinquante morceaux, les uns au trait, les autres lytographiés; en tout 831 Est. 6 Lots.

174 Le Char de l'Aurore, d'apr. le Guide, par *Tresca;* Lazare résuscité, d'apr. West, par *Green, Morning, Evening;* d'apr. Wheatly, par *Barney :* 9 p. 7 Lots.

175 Morceaux au burin, savoir : par *Anderloni;* le Roi de Sardaigne : 2 Ép. 1 est avant la déd. — *Bervic,* l'Innocence; — *Bettolini,* Sibylle persique; — *D. Cunego,* Adoration des Rois, Mort de la Vierge; — M.ᵣ *Desnoyers,* La Foi; — M.ᵣ *Dien,* la Reine d'Espagne; —*Fontana,* Judith, Hérodiade, Sibylle de Cumes; —*Folo,* Vénus et Adonis; — M.ᵣ *Laugier,* la Mort de Léandre : Epr. avant la lettre; — *J. Massard,* les Caresses de l'Enfant-Jésus à St. Jean : 3 Epr. avec différ.; Charles I.ᵉʳ et son épouse; — *Raph. Morghen,* Léonard de Vinci, la Fornarina, *Parce summum rumpere :* Epr. sur pap. de Chine; — *Sherwin.*

la Ste.-Famille : Epr. avant la lettre ; — *Volpato*,
l'École d'Athènes, le Char de la Nuit, Epr. avant la
lettre ; les Noces de Cana ; — le Temps et la Beauté,
Allégorie ; — onze Morceaux, Traits historiques, Batailles, Paysage, Architecture, par *La Belle, Londo-
nio, Marieschi*, MM. *Duparc, Niequet, Helman,
Wexelberg*, etc. ; plus, des Epr. de Morceaux
d'*Anderloni*, 4 ; *Bervic*, 1 ; *J. Massard*. 14 ; *Morghen*, 3, et *Volpato*, 1 ; en tout 61 Est. 17 Lots.

176 Morceaux au burin, savoir : par *Audouin*, Henri IV ;
— M.ʳ *Aubert*, Le Brun ; — *Bartolozzi*, la Femme
adultère ; — M.ʳ *Alp. Boilly*, Portal ; — *Cunego*,
Frédéric II ; — *Giov. Garavaglia*, Ste. Famille ; —
Hall, Bataille de Boyne ; — *J. Leybold*, la Mort
de Marc Antoine ; — *Gius. Mochetti*, la Cène ; —
M.ⁿ *Potrelle*, Jules Romain ; — *Schulze*, la Mad-
deleine de Battoni : — *Volpato*, Christ porté au
Tombeau : 15 r. Plus, douze Sujets, Vue, Paysages et Etudes : trois de ces r. par *Mathieu*
et *Choffard*, et M.ˡˡᵉ *Retor*, et *Wille*. 4 Lots.

177 Morceaux au pointillé, savoir : par *Albuerne*, Ferdi-
nand VII ; — *Bouquet*, De La Tour du Pin ; — M.ʳ *Dis-
sard*, mon Choix est fait ; — *Place*, l'Enfant volé dé-
couvert, l'Enfant perdu retrouvé. — Plus, Epr. de
morceaux de *Bouquet*, 2 ; de *Place*, 6 : en tout
13 Est. ; 3 sont coloriées. 4 Lots.

178 Morceaux au pointillé, savoir : par M.ʳ *Badoureau*,
Cœlina ; — M.ʳ *N. Bertrand*, Angelica, Rosalba, jeune
Demoiselle, jeune Ecossaise ; — *Cardon*, Catherine
de Franco et Henri V ; — M.ʳ *Cazenave*, St. Jean ; —
M.ʳ *Chaponnier*, la Jeune Fille découverte ; —
M.ʳ *Desnoyers*, Héro, Pénibles Adieux ; — M.ʳ *Dis-*

sard, Noces de Cana; — Mlle *Duclos*, le Bon Pasteur; — Mr *Duthé*, Ste.-Famille à Nazareth, Jésus à Emmaüs; — Mr *Lambert*, la Joconde; — M.^r *Le Fèvre*, la belle Ferronnière; — M.^r *Le Roi*, la Vierge dite *au berceau;* — *Levilly*, les Petits Cochons; — Mr *Noël*, Héro et Léandre; — MM. *Noël* et *Massol*, Nymphes au bain; — *Renard*, Œdipe et Antigone; — *Ryland*, la Charte du roi Jean; — Mr *Ruotte*, le Sommeil de Jésus, à la plus Belle; — *Schiavonetti*, Sujets des derniers momens de Louis XVI; — *Thouvenin*, la Nativité; — *Tomkins, Hobbinol* et *Ganderetta;* — par *Vendramini*, Adam et Eve; — *J. Whessell, The Itinerant Potters, The Woodman's Return* : 40 p.; 2 sont avant la lettre, et 13 en couleurs. 5 Lots.

179 Morceaux en manière noire, ou à l'aquatinte, savoir : par *Jos. Barney, Evening, Morning;* — *Coqueret*, Combat d'Animaux; — *P. Daws*, Mort d'un Officier anglais; — Mr *Debucourt*, Intérieur de Cuisine et de Salle à manger, l'Incendie; — Mr *Jazet*, le Duc de Berri devant Béthune, Ch.-Ferd., Duc de Berri, le Soldat de Waterloo; — *Green*, Lazare, la Fille de Jaïre, Eghiste et Clytemnestre, le Mariage d'Henri VIII et d'Anne de Boulen, Mort de Jeanne Gray; — *Monsaldi*, Vue de Paris : 24 p.; 8 sont avant la lettre et 2 en couleurs. 7 Lots.

180 Morceaux à l'aquatinte, savoir : par *Cartwright et Hassell*, Ile de Wight; — Mr *Coqueret*, rentrée de Mameluks; — *Dallinger*, Chiens de Chasse et Gibiers; — *Descourtis*, les Espiègles; — *Hégi*, la Chatte et et ses petits; — Mr *Jazet*, Mameluks, Militaires, Russes au bivouac, le Braconnier, Alexandre Ier; — Mr *Piringer*, le Pont de bois, Port de Mer : —

huit Sujets au trait ; plus ; Epr. de morceaux de Mr *Jazet* 2 ; de Mr *Piringer*, 1 ; en tout 24 Est. : 18 sont en couleur. 3 Lots.

181 Cent cinquante Paysages, le plus grand nombre par et d'après des maîtres flamands et hollandais. 2 Lots.

182 Camées, d'ap. des pierres antiques de la galerie de Florence ; 200 r.

183 Sujets d'histoire, Morceaux de la suite intitulée : *Pinacoteca della Pontificia Accademia delle belle arti in Bologna*, 18 r., par *G. Asioli, Fr.* et *Guis. Rosaspina*, et *G. Tomba* ; 2 exempl. — Sujets et Statues (Musée Robillard), par *Beisson, Bittheuser, Bouilliard, Ribault, Mrs Girardet, Lavallé, Masquelier* et *Richomme* ; 8 r., 6 sont avant la lettre ; en tout 44 Est. 3 Lots.

184 La Sainte Famille au palmier, d'apr. Raphaël ; neuf autres Sujets, d'ap. Lanfranc, Chaudet, Mrs Gérard et Girodet, et sept Statues et Bustes, d'ap. l'antique : ces 17 r. par Mr *Urb. Massard* ; 1.res Epr.

185 Sujets, Paysages, Statues et Camée, Morceaux gravés par *Audouin, Beisson, Bettelini, Hulmer, Mrs Duttenofer, Fortier, Geissler, Girardet, Heina* et *H. Laurent* (r. du Musée Robillard) ; 12 Est., 11 sont avant la lettre. 3 Lots.

186 Sujets et Paysages, d'apr. des Tableaux de différ. Écoles ; plusieurs de ces Morceaux font partie de ceux des Musées publ. par Robillard et Filhol, d'autres des galeries de Florence et du Palais-Royal ; la plupart sont gravés par *Berseneff, De Ghendt, Duclos, Gaucher, Romanet, Rousseau ;* Mrs *Dennel ; Forster, L. Petit* et *Pigeot* ; 137 r., 1.res Epr. 3 Lots.

187 Fig. dessinées et gravées par *Aug. de Saint-Aubin*

pour la description des pierres gravées du cab. d'Orléans, par de La Chau et le Blond, savoir : 1 Front., 2 Fleurons, 179 Fig. et 56 Culs-de-lampes; plus, 7 r. où sont représentées 38 médailles *spentriennes*; en tout 254 r. 1res Epr. Fig. avant les n.^{os}

188 Sujets, la plupart pour le théâtre de Racine, d'apr. Chaudet, Mrs David, Gérard, Girodet et Sérangeli, par *Delignon, Duval, Marais, J. Massard, Romanet*, MM. *Girardet, Glairon-Mondet, La Vallé, Le Villain, Urb. Massard*, etc.; 11 r. in-fol.

189 Sujets de la suite des Métamorphoses publ. par Le Mire et Basan, 49 r., Epr. avant la lettre; — soixante r. de tous genres; — les Combats de Jean-Bart, 19 r., par *Le Gouaz*. 2 Lots.

190 Portraits au nombre de 374, le plus grand nombre par d'anciens Graveurs. 5 Lots.

191 Sujets de tous genres, par des maîtres anciens et modernes, études, etc., 2292 r. 12 Lots.

192 Huit Sujets au pointillé, 7 sont coloriés; — Marine et Fleurs, Morceaux coloriés; — dix-sept bordures dorées, 1 est avec un verre; — deux Sphères, l'une céleste, l'autre terrestre. 8 Lots.

193 Cent dix Estampes, Sujets et Vignettes, et trois Fig. anatomiques sur carton; — Porte-feuille des enfans, 16 1.res n.^{os}; — cinquante Sujets, Études et Croquis, Dessins et contre-Épreuve, et de vieux porte-feuilles. 4 Lots.

194 Trente-un Sujets, Vues, Paysages et Études, Gouaches, Morceaux coloriés, Dessins et contre-épreuve de *Barckhaus, Boichot, Caresme, Kobell, H. Meyer, Pillement, Saint-Martin* et autres. 2 Lots.

RECUEILS ET LIVRES A FIGURES.

ı95 Les Tapisseries de Raphaël d'Urbin au Vatican, 20 r.
par *L. Sommerau*. Rome, ı780; 2ı Pl. tit. compr.
Triomphe de l'Empereur Sigismond, d'apr. Jules
Romain, par *Bartoli*, sous le tit. de *SIGISMVNDI
AVGVSTI MANTVAN....* 26 Pl., le tit. gravé et la
déd. à Léopold compr.; ı vol. in-fol. obl. rel.

ı96 *Logge di Rafaele nel Vaticano;* la suite des Ara-
besques et celle des Stucs, par *Ottaviani* et *Volpato*,
chaque r. de 2 feuil., celles par Ottaviani numér.
Iâ XIV, et celles par Volpato numér. ı à ı2; les deux
portes (2 feuil. chaque) le développement général
(3 feuil.) Ces morceaux, par *Ottaviani;* la vue per-
spective par *Volpato*, 3o r.; plus, quatorze pilastres
gravés par *Hyac. Maina* sur 2 feuil. intit. : *Opera
inedita.* En tout 32 Est.

ı97 Bas-Reliefs et Vases, d'apr. Raphaël et Polidoro, par
*P. Santi Bartoli, Ch. Alberti, Galestruzzi, Ven-
turini* et *Vicus;* 75 r.; Sujets et Vignettes, ııo r.;
trente croquis; sept cahiers, dont l'art de dessiner
de Jean Cousin, et les Vignettes de l'histoire du
Languedoc. 3 Lots.

ı98 Recueil de plus do 45o r.; dans ce nombre, quelques
unes de *Bonasone*, les *Carraches, Castiglione, La
Belle, Ribera, Aldegrever, Béham, Durer, D.
Hopfer, Konig, Th. Wyck, Callot* et *Perelle*.

ı99 L'OEuvre de Paul Potter, ou suite de ı2 r. d'apr.
ce maître, par M.ᵉ *Couché;* cah. gr. in-fol. pap. bleu.

2oo *Admiranda Rom. Ant.;* Fig. par *P. Santi Bartoli.*

— *Batavorum cum Romanis bellum*, Fig. d'apr. Ottorenius, par *A. Tempeste.* — Cabinet des beaux arts. Paris, G. Edelinck, 1690. — Hypnerotomachie ou discours du Songe de Poliphile. Paris, 1554, Fig. en bois (celle à la page 69 bien conservée); — et deux autres vol., l'un de l'architecture de Serlio, l'autre des termes dont on use en architecture, réduits en ordre; ces 6 vol. in-fol., les 2 1.ers format obl. 3 Lots.

101 Recuéil de Combats et d'Expéditions maritimes, d'apr. N. Ozane, par *Dequevauviller*, Paris, 1797, 5 1.res livr. in-fol. br.; Fig. avant la lettre.

202 Nouvelles Vues perspectives des ports de France, 62 p. (compr. 1 tit. et 1 cart.); Ports et Rades des îles Antilles et de France, 18 p.; Vues de lieux célèbres, 16 p.; Proues de bâtimens de mer, 24 p., d'apr. N. et P. Ozanne; vie de Jean-Bart, 19 p.; 2 exempl.; les Pl. de ces suites par *Le Gouaz* et autres. 3 Lots.

203 Tableaux historiqués des campagnes d'Italie, Publ. en 1806. etc., 23 p.

204 Le Temple de Gnide, par Montesquieu; Pygmalion, par J.-Jac. Rousseau; Idylle de Berquin. Paris, 1774-15, Fig. d'apr. Eisen et Moreau. — Fables de Dorat, Paris, 1773, Fig. d'apr. Marillier; ces 2 vol. in-8.º, le 1.er rel.

205 Les Objets de tous genres non décrits, seront divisés sous ce N.º

FIN.

ORDRE DE LA VENTE.

PREMIÈRE VACATION, *Lundi 16 décembre.*

Estampes en feuilles, N.ᵒˢ 1, 2, 3, 4, 5, 6, 7, 8, 9, 10, 11, 12, 13, 14, 15, 16, 17, 18, 19, 20, 21, 22, 23, 24, 25, 26, 27, 28, 29, 30, 31, 32, 33, 34, 35, 36, 37, 38, 39, 40, 41, 42, 43, 44, 45, 46, 47, 48, 49, 50, 51, 52, 53, 54, 55. Planche gravée, N.ᵒ 127.

DEUXIÈME VACATION, *Mardi 17.*

Estampes, Figures et Vignettes, N.ᵒˢ 56, 57, 58, 59, 60, 61, 62, 63, 64, 65, 66, 67, 68, 69, 70, 71, 72, 73, 74, 75, 76, 77, 78, 79, 80, 81, 82, 83, 84, 85, 86, 87, 88, 89, 90, 91, 92, 93, 94, 95, 96, 97, 98. Recueils, N.ᵒˢ 99, 100, 101, 102, 103, 104, 105. Livres à Figures, etc., N.ᵒˢ 106, 107, 108, 109, 110, 111, 112, 113, 114, 115, 116, 117, 118, 119, 120, 121, 122, 123, 124, 125, 126.

TROISIÈME VACATION, *Mercredi 18.*

Estampes en feuilles, N.ᵒˢ 129, 132, 134, 135, 136, 137, 139, 140, 141, 142, 143, 144, 145, 146, 147, 148, 172, 174, 177, 180, 183, 184, 186, 187, 188, 189, 190, 191, 192, 193, 194, 203, et 205 partie.

QUATRIÈME VACATION, *Jeudi 19.*

Estampes encadrées et en feuilles, N.ᵒˢ 128, 130, 131, 133, 138, 149, 150, 151, 152, 153, 154, 155, 156, 157, 158, 159, 160, 161, 162, 163, 164, 165, 166, 167, 168, 169, 170, 171, 173, 175, 176, 178, 179, 181, 182, 185. Recueils et Livres à Figures, N.ᵒˢ 195, 196, 197, 198, 199, 200, 201, 202, 204 et 205 partie restante.

www.ingramcontent.com/pod-product-compliance
Lightning Source LLC
LaVergne TN
LVHW010444060726
842527LV00005B/1689